Max Heiden, Städtisches Kunstgewerbemuseum zu Leipzig

Ornamentale und Kunstgewerbliche Sammelmappe : Spitzen des 16. bis 19. Jahrhunderts aus den Sammlungen des Kunstgewerbe-Museums zu Leipzig

Serie IV

Max Heiden, Städtisches Kunstgewerbemuseum zu Leipzig

Ornamentale und Kunstgewerbliche Sammelmappe : Spitzen des 16. bis 19. Jahrhunderts aus den Sammlungen des Kunstgewerbe-Museums zu Leipzig
Serie IV

ISBN/EAN: 9783337304621

Hergestellt in Europa, USA, Kanada, Australien, Japan

Cover: Foto ©Thomas Meinert / pixelio.de

Weitere Bücher finden Sie auf **www.hansebooks.com**

ORNAMENTALE UND KUNSTGEWERBLICHE

SAMMELMAPPE.

SERIE IV.

SPITZEN

DES 16. BIS 19. JAHRHUNDERTS

AUS DEN SAMMLUNGEN DES KUNSTGEWERBE-MUSEUMS ZU LEIPZIG

AUSGEWÄHLT

VON

PROFESSOR MELCHIOR ZUR STRASSEN.

I. THEIL.

25 LICHTDRUCK-TAFELN MIT 178 MUSTERN.

LEIPZIG

VERLAG von KARL W. HIERSEMANN
KÖNIGSSTRASSE 1.
1894

Die hier veröffentlichten Spitzen aus der Sammlung des Kunstgewerbe-Museums in Leipzig, denen weitere 25 Tafeln folgen, enthalten so ziemlich Proben aller Arten von Nadel-, Klöppel- und Filetarbeiten, sowie der einschläglichen Stickereien älterer und neuerer Zeit. Sie erheben in der vorliegenden Darstellung nicht den Anspruch einer geschlossenen historischen oder technischen Folge; es lag vielmehr im Sinne der Museumsverwaltung, durch diese Herausgabe vor allem der Industrie mit brauchbaren Vorbildern an die Hand zu gehen. Dabei liess die umständliche Behandlung dieses Materials es zweckmässig erscheinen, die einzelnen Tafeln gleich so zu geben, wie sie sich in der Ausstellung des Museums befinden. Die hierdurch gebot nen allgemein gehaltenen Bestimmungen über Technik, Herkunft und Zeit sind durch ein alphabetisches Sachregister erweitert.

AUSBLICK AUF TECHNIK UND HERKUNFT
DER SPITZE.

Die Spitze nimmt in dem weiten Gebiete des Kunstgewerbes selten eine selbstständige Stellung ein. Ihrer Technik und dem Material entspricht es, dass wir sie uns im Allgemeinen als umsäumenden Schmuck des Costüms, als dienendes Glied der Innendekoration vorstellen. Sie ist als schmückende Begleiterin natürlich immer ein Kind der Mode gewesen. Wir sehen sie kommen und gehen, in Mitten prachtliebender Zeiten, sich zu einer Vollkommenheit entwickeln, die an künstlerischen Reizen ihresgleichen sucht, in Technik und Muster sinken, bis hinab zur gefühllosen Maschinenarbeit, welche für wenige Pfennige das Meter feil bietet.

Von wannen sie kommt und welche Wege die Spitze seit ihrem Entstehen gegangen ist, diese Fragen werden immer ein schwieriger Gegenstand kunstgeschichtlicher Forschung bleiben. Jede andere Gruppe der Kunstindustrie lässt je nach dem Material oder der Behandlung desselben Anhaltspunkte für die Herkunft offen; aber bei den Spitzen ist nicht einmal das Muster stichhaltig für den Ursprung, denn durch die Einfachheit des technischen Apparates macht sich die Ueberführung ohne weiteres von selber: die Spitze wird allenthalben Gegenstand der Hausindustrie.

Eine Spitze entsteht zunächst durch Verschlingung von Fäden. Je nach der Art des Verfahrens bezeichnet man die Technik. Flechten, Knoten oder Knüpfen geschieht mit der freien Hand, Nähen mit der Nadel auf vorbereitetem Papier, Klöppeln durch Werfen von Hölzchen auf dem Kissen, Häkeln durch einen Haken, Stricken durch stumpfe Nadeln. Daran schliesst sich die Filetarbeit an, zu welcher man sich Stäbchen und eines Rahmens bedient.

Welche von diesen Techniken zuerst in Aufnahme kam, mag dahingestellt bleiben. Die ältesten uns erhaltenen Beispiele entstammen den Gräbern aus Fayum und Achmim in Aegypten: es sind Kopfbedeckungen und Besätze, welche der regulären Flechtarbeit am ähnlichsten stehen. Was sonst an mittelalterlichen Stücken auf uns gekommen ist, lässt sich kaum in das Gebiet der eigentlichen Spitzen einordnen, sie werden als rheinische Klosterarbeiten bezeichnet und sind aus weissem Leinen, theils in Filet, theils in ausgezogenen Fäden mit leichter Reliefstickerei gemustert. Aus diesen Weissstickereien heraus lässt sich die Spitzenarbeit entwickeln. Es werden quadratische und andere füllbare Ausschnitte gemacht, mit Fäden netzartig gespannt und umnäht. Geschnittene Spitzen (point coupé), Netz- oder Sternspitzen (punto di reticella) entstehen, bis die schöpferische italienische Renaissance einsetzt und mit der venetianischen Reliefspitze schafft, welche in ungebundener Freiheit, den Raum im Stile der Zeit mit herrlichen Ranken- und Blütenmustern füllen, alle erst sorgsam in einzelnen Theilen genäht und nur durch kleine Stäbchen zusammengehalten. Dieser Point de Venise wird nun tonangebend für die spätere Zeit. Frankreich, namentlich Alençon, Argentan nehmen ihn auf. Es entstehen an allen grösseren Orten Frankreichs Staats- und Privatschulen, in denen, ebenso wie auch in Spanien, zunächst nach dem venetianischen Original gearbeitet wird. Hier in ihrer Blüthezeit macht dann die „Königin der Toilette", wie Gottfried Semper die Spitze bezeichnet, auch eine Ausnahme ihrer sonstigen Gewohnheiten: sie beschränkt sich keineswegs nur auf Besätze, sondern sie wird in grossem Umfange der Ausdruck für Pracht und Reichthum, eine Zeit lang Alles, was mit Kunst und Industrie im Zusammenhange steht.

Neben den Nadelarbeiten nehmen die durch Klöppeln hergestellten Spitzen einen breiteren Raum ein, demnach ist auch ihre Klassifizierung mit mehr Schwierigkeiten verbunden, als es in jener Gruppe der Fall ist.

Die Verschlingung der Fäden durch Klöppeln bringt anfangs ähnliche Muster hervor, wie in den ersten mit der Nadel gearbeiteten Spitzen, namentlich wo es sich um Sterne oder solche Muster handelt, deren Construction auf quadratischer Grundlage beruht. Die Klöppelarbeit ist aber mittelst der verschiedenen Schläge (Art der Verschlingungen von Fäden) im Stande, ebenso breite Flächen herzustellen, als dies in Nadelarbeit geschieht. Von dem Stärke des Gespinnstes, das auf den Klöppel gewickelt ist, hängt dann die Feinheit der Spitze ab. Die zartesten Klöppelarbeiten, Spinngeweben gleich, sollen in Valenciennes hergestellt sein und zwar in einem feuchten Kellerraume, damit sich Faden an Faden noch enger an einander füge.

Berlin, Anfang September 1893.

Max Heiden.

Alphabetisches Sachregister.

(Die römischen Zahlen weisen auf die Tafeln, die arabischen auf diejenigen der Gegenstände hin.)

KUNSTGEWERBE-MUSEUM ZU LEIPZIG.

SPITZEN.

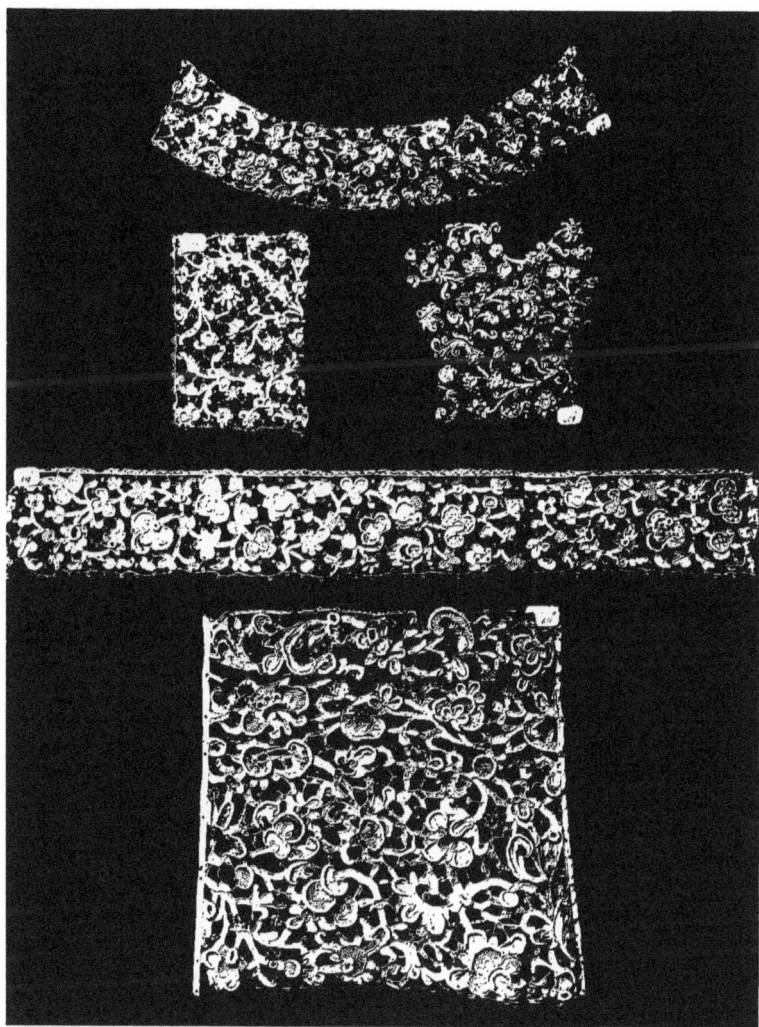

No. 605—611. ITALIEN (VENEDIG) RELIEFSPITZEN. 16. UND 17. JAHRHUNDERT.

ORNAMENTALE UND KUNSTGEWERBLICHE SAMMELMAPPE. SERIE IV.

Verlag von KARL W. HIERSEMANN in Leipzig.
1893.

KUNSTGEWERBE-MUSEUM ZU LEIPZIG.

SPITZEN.

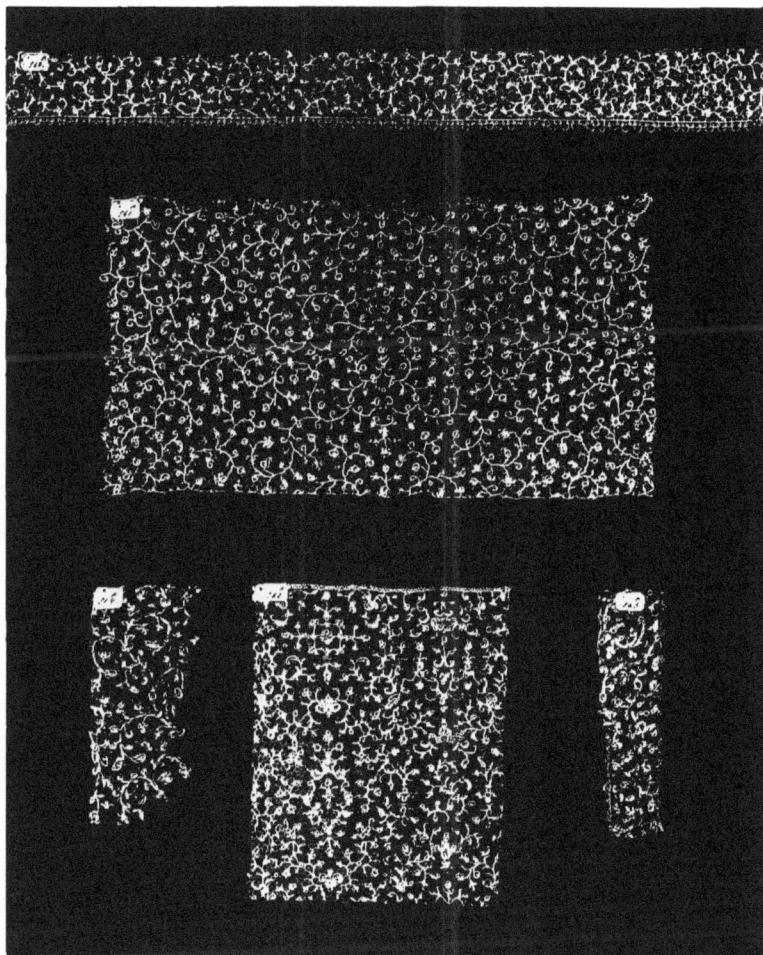

No. 591—594. ITALIEN (VENEDIG) NADELARBEITEN. 16. JAHRHUNDERT.

ORNAMENTALE UND KUNSTGEWERBLICHE SAMMELMAPPE. SERIE IV.

Verlag von KARL W. HIERSEMANN in Leipzig.

KUNSTGEWERBE-MUSEUM ZU LEIPZIG.

SPITZEN.

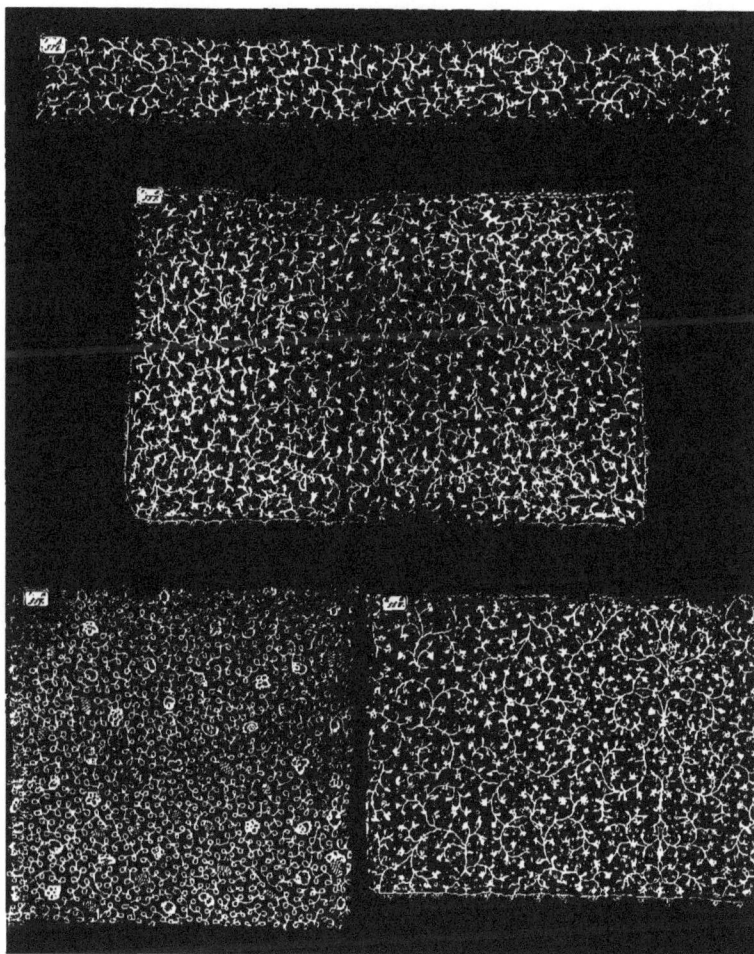

Ausgew. von Prof. der Steenen

No. 556—559. ITALIEN (VENEDIG) NADELARBEITEN. 16. UND 17. JAHRHUNDERT.

ORNAMENTALE UND KUNSTGEWERBLICHE SAMMELMAPPE. SERIE IV.

Verlag von KARL W. HIERSEMANN in Leipzig.
1893.

No. 6—10. ITALIEN NADELARBEITEN. 16. UND 17. JAHRHUNDERT.

ORNAMENTALE UND KUNSTGEWERBLICHE SAMMELMAPPE. SERIE IV.

Verlag von KARL W. HIERSEMANN in Leipzig.
1893.

155

No. 46, 49, 59. SCHWEIZ NADELSPITZEN. 16. JAHRHUNDERT.
No. 45, 47, 48, 50, 58, 60, 61. ITALIEN NADELARBEITEN (POINT COUPÉ). 16. UND 17. JAHRHUNDERT.

ORNAMENTALE UND KUNSTGEWERBLICHE SAMMELMAPPE. SERIE IV.

Verlag von KARL W. HIERSEMANN in Leipzig.
1893.

155

ITALIEN NADELARBEITEN. 16. UND 17. JAHRHUNDERT.

ORNAMENTALE UND KUNSTGEWERBLICHE SAMMELMAPPE. SERIE IV.

Verlag von KARL W. HIERSEMANN in Leipzig.

1893.

KUNSTGEWERBE-MUSEUM ZU LEIPZIG.

SPITZEN.

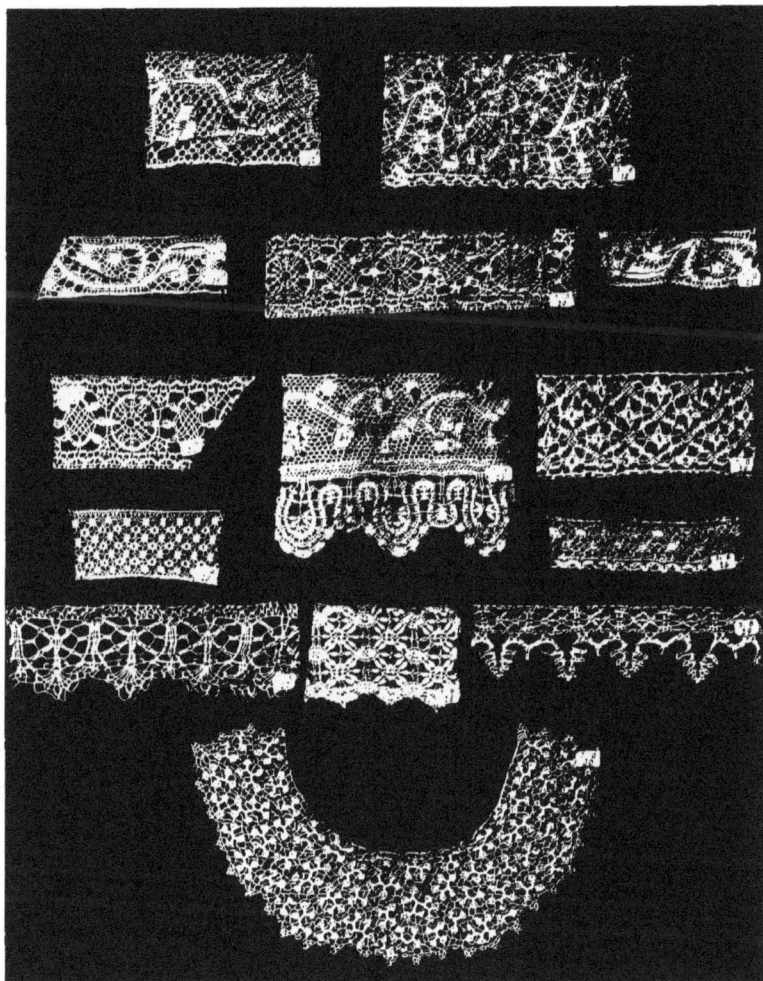

No. 17—30. ITALIEN (VENEDIG) KLÖPPELSPITZEN. 17. JAHRHUNDERT.

ORNAMENTALE UND KUNSTGEWERBLICHE SAMMELMAPPE. SERIE IV.

Verlag von KARL W. HIERSEMANN in Leipzig.
1903.

KUNSTGEWERBE-MUSEUM ZU LEIPZIG.

SPITZEN.

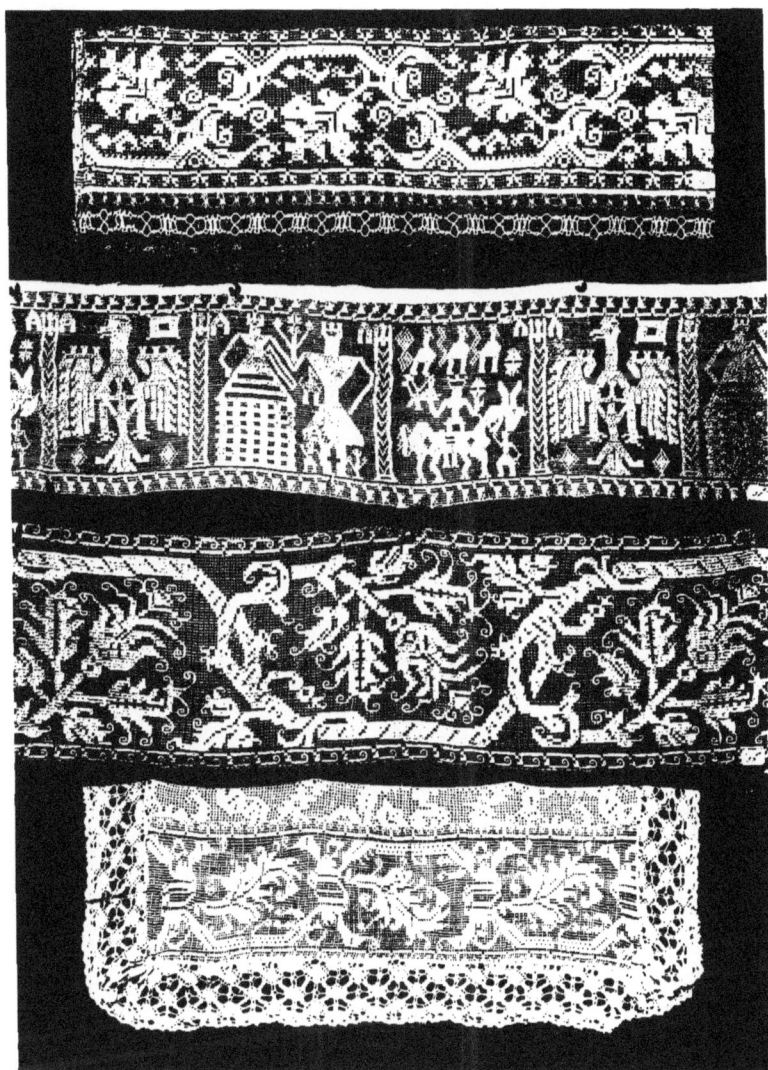

Ausgew. von Prof. zur Strassen.

No. 36, 38, 39.   ITALIEN NADELARBEITEN.   16. JAHRHUNDERT.
„ 37.   ORIENT   „   15.   „

ORNAMENTALE UND KUNSTGEWERBLICHE SAMMELMAPPE.   SERIE IV.

Verlag von KARL W. HIERSEMANN in Leipzig.
1893.

155

KUNSTGEWERBE-MUSEUM ZU LEIPZIG.

SPITZEN.

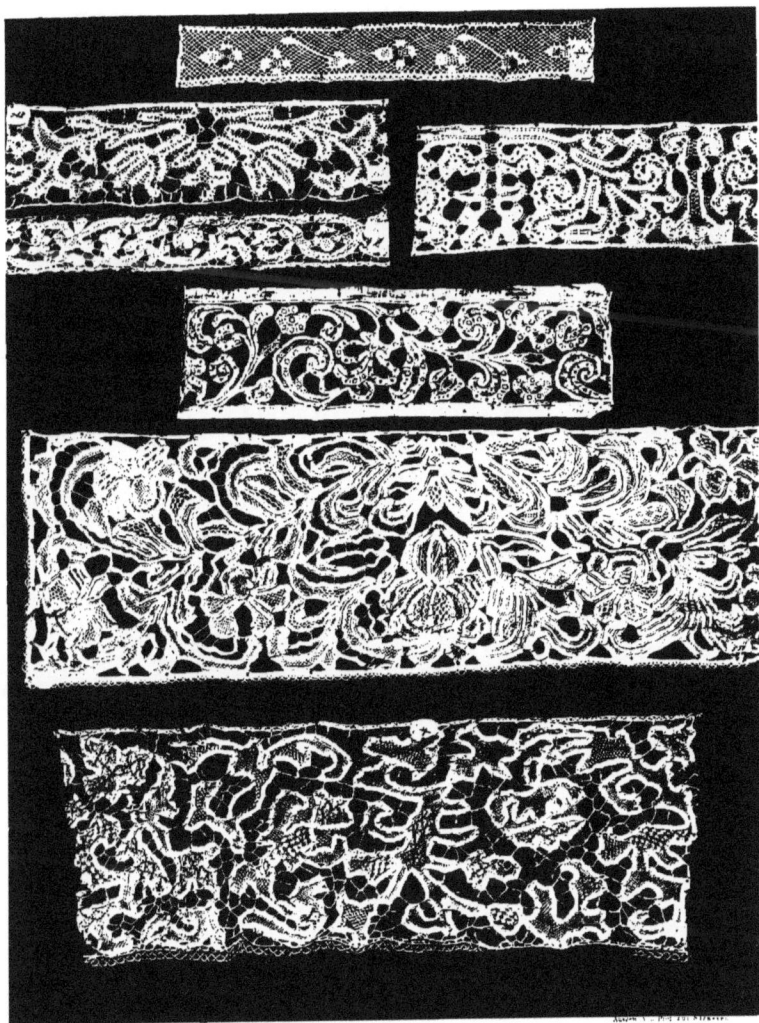

No. 545—551. FLANDERN UND ITALIEN. LITZENSPITZEN THEILS GEKLÖPPELT THEILS NADELARBEIT.
17. UND 18. JAHRHUNDERT.

ORNAMENTALE UND KUNSTGEWERBLICHE SAMMELMAPPE. SERIE IV.

Verlag von KARL W. HIERSEMANN in Leipzig.
1893.

SPITZEN.

Aufgen. von Prof. van Strassen

No. 40–43. ITALIEN LITZENSPITZEN KLÖPPELARBEIT. 17. JAHRHUNDERT.
„ 44.   „   „   NADELARBEIT.   „   „

ORNAMENTALE UND KUNSTGEWERBLICHE SAMMELMAPPE. SERIE IV.

Verlag von KARL W. HIERSEMANN in Leipzig.
1893.

155

KUNSTGEWERBE-MUSEUM ZU LEIPZIG.

SPITZEN.

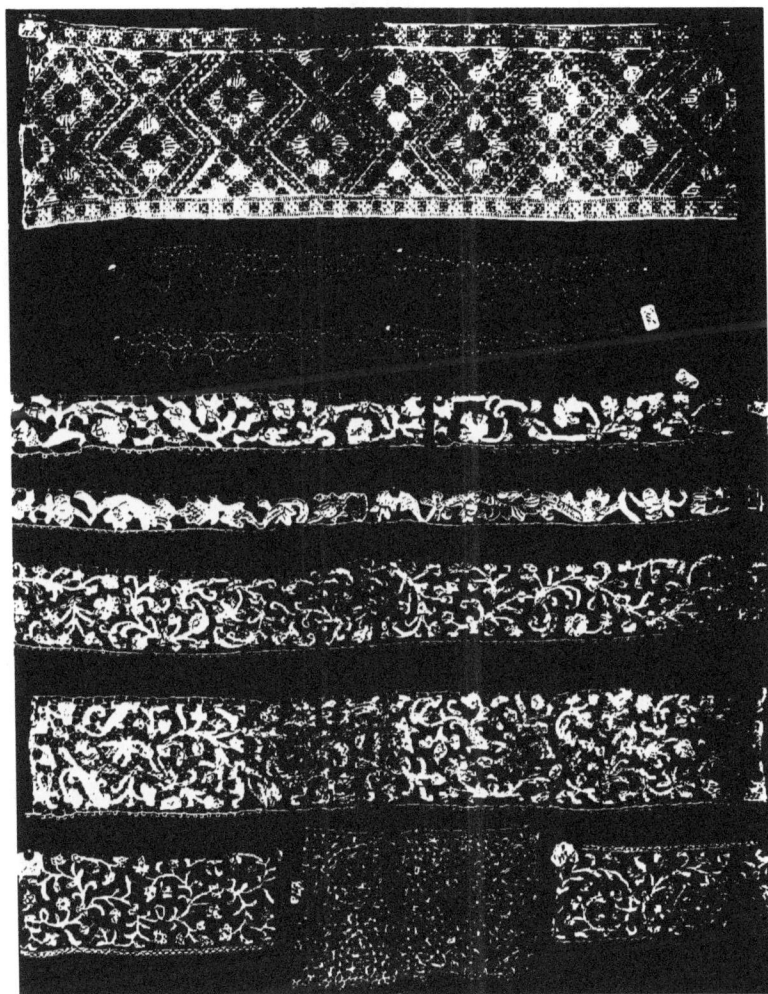

Aufgen. von Prof. zur Strassen

No. 565.   ITALIEN NADELARBEIT (POINT COUPÉ). 17. JAHRHUNDERT.
„ 566. 567.   „   „   BUNT   „   „
„ 569--575.   „   (VENEDIG) NADELARBEIT.   16. JAHRHUNDERT.

ORNAMENTALE UND KUNSTGEWERBLICHE SAMMELMAPPE. SERIE IV.

Verlag von KARL W. HIERSEMANN in Leipzig.
1893.

155

KUNSTGEWERBE-MUSEUM ZU LEIPZIG.

SPITZEN.

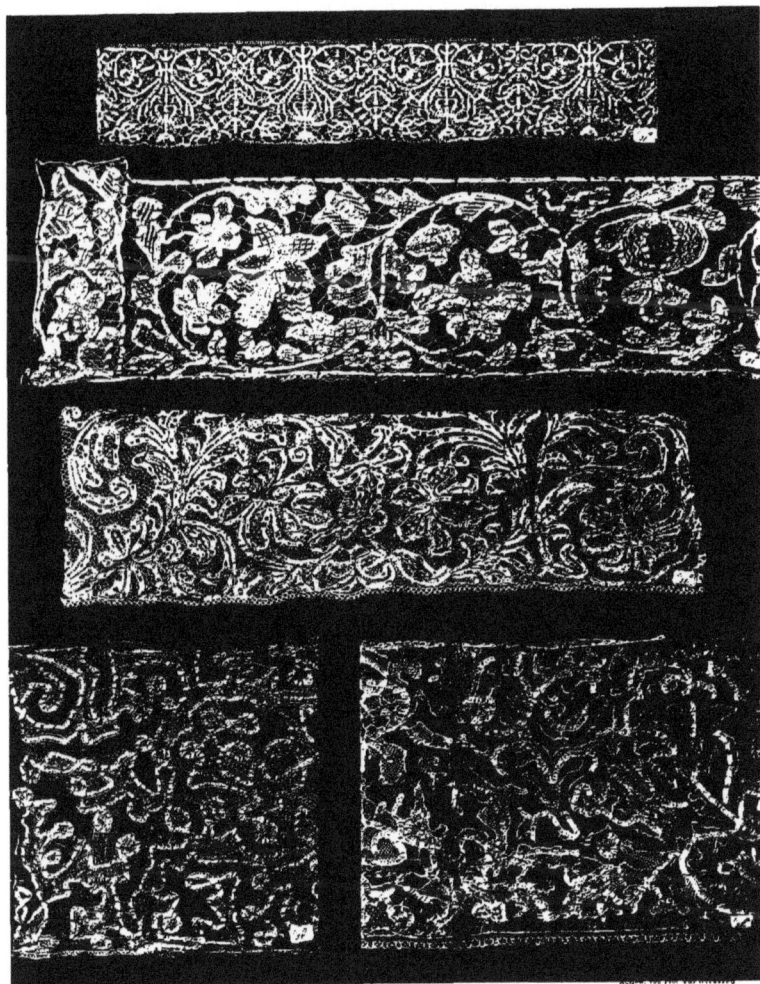

No. 31—35. ITALIEN LITZENSPITZEN. 16. UND 17. JAHRHUNDERT.

ORNAMENTALE UND KUNSTGEWERBLICHE SAMMELMAPPE. SERIE IV.

Verlag von KARL W. HIERSEMANN in Leipzig.
1893.

155

KUNSTGEWERBE-MUSEUM ZU LEIPZIG.

SPITZEN.

No. 66—69. SPANIEN KLÖPPELSPITZEN. 17. JAHRHUNDERT.

ORNAMENTALE UND KUNSTGEWERBLICHE SAMMELMAPPE. SERIE IV.

Verlag von KARL W. HIERSEMANN in Leipzig.
1893.

155

KUNSTGEWERBE-MUSEUM ZU LEIPZIG.

SPITZEN.

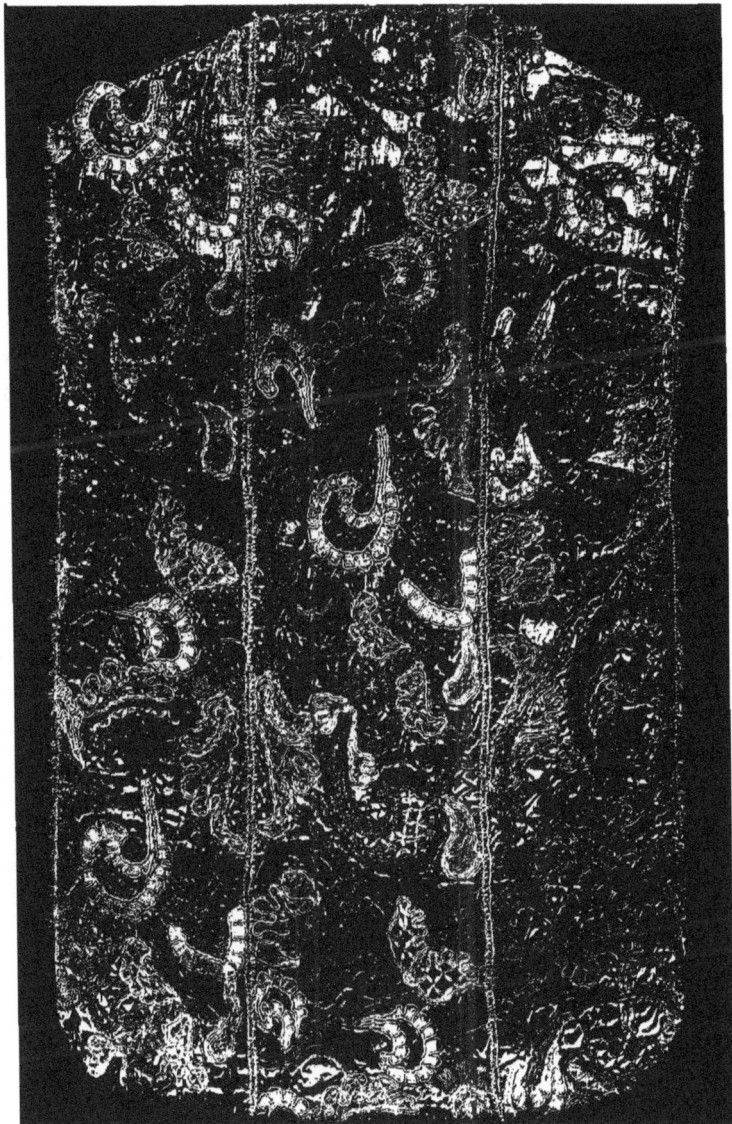

Aufgen. von Prof. zur Straaven

No. 38. SPANIEN (GOLDSPITZE) NADELARBEIT. 17. JAHRHUNDERT.

ORNAMENTALE UND KUNSTGEWERBLICHE SAMMELMAPPE. SERIE IV.

Verlag von KARL W. HIERSEMANN in Leipzig.

1903.

155

KUNSTGEWERBE-MUSEUM ZU LEIPZIG.

SPITZEN.

Aufgen. von Prof. aus Strassen

3 OBEREN.   SPANIEN (BLONDEN).   17. JAHRHUNDERT.
1 UNTERES,   „   NADELARBEIT.

ORNAMENTALE UND KUNSTGEWERBLICHE SAMMELMAPPE. SERIE IV.

Verlag von KARL W. HIERSEMANN in Leipzig.
1893.

155

KUNSTGEWERBE-MUSEUM ZU LEIPZIG.

SPITZEN.

No. 62. 63. SPANIEN NADELARBEIT. 17. JAHRHUNDERT.

ORNAMENTALE UND KUNSTGEWERBLICHE SAMMELMAPPE. SERIE IV.

Verlag von KARL W. HIERSEMANN in Leipzig.
1893.

155

KUNSTGEWERBE-MUSEUM ZU LEIPZIG.

SPITZEN.

No. 70—77 SPANIEN (BLONDEN) KLÖPPELARBEIT. 18. JAHRHUNDERT.

ORNAMENTALE UND KUNSTGEWERBLICHE SAMMELMAPPE. SERIE IV.

Verlag von KARL W. HIERSEMANN in Leipzig.
1893.

155

KUNSTGEWERBE-MUSEUM ZU LEIPZIG.

SPITZEN.

No. 402—406. PARAGUAY (NANDUTI) NADELARBEITEN. 19. JAHRHUNDERT.

ORNAMENTALE UND KUNSTGEWERBLICHE SAMMELMAPPE. SERIE IV.

Verlag von KARL W. HIERSEMANN in Leipzig.
1893.

155

KUNSTGEWERBE-MUSEUM ZU LEIPZIG.

SPITZEN.

No. 31, 32, 36, 552–554. GRIECHENLAND NADELARBEITEN. 18. UND 19. JAHRHUNDERT.

ORNAMENTALE UND KUNSTGEWERBLICHE SAMMELMAPPE. SERIE IV.

Verlag von KARL W. HIERSEMANN in Leipzig.
1894.

155

KUNSTGEWERBE-MUSEUM ZU LEIPZIG.

SPITZEN.

No. 590.   BELGIEN LITZENSPITZEN NADELARBEIT.   17. JAHRHUNDERT.
„ 591. 593.   FRANKREICH   „   „   „   „
„ 592.   „   „   KLÖPPELARBEIT.   „   „

ORNAMENTALE UND KUNSTGEWERBLICHE SAMMELMAPPE.   SERIE IV.

Verlag von KARL W. HIERSEMANN in Leipzig.
1893.

155

SPITZEN.

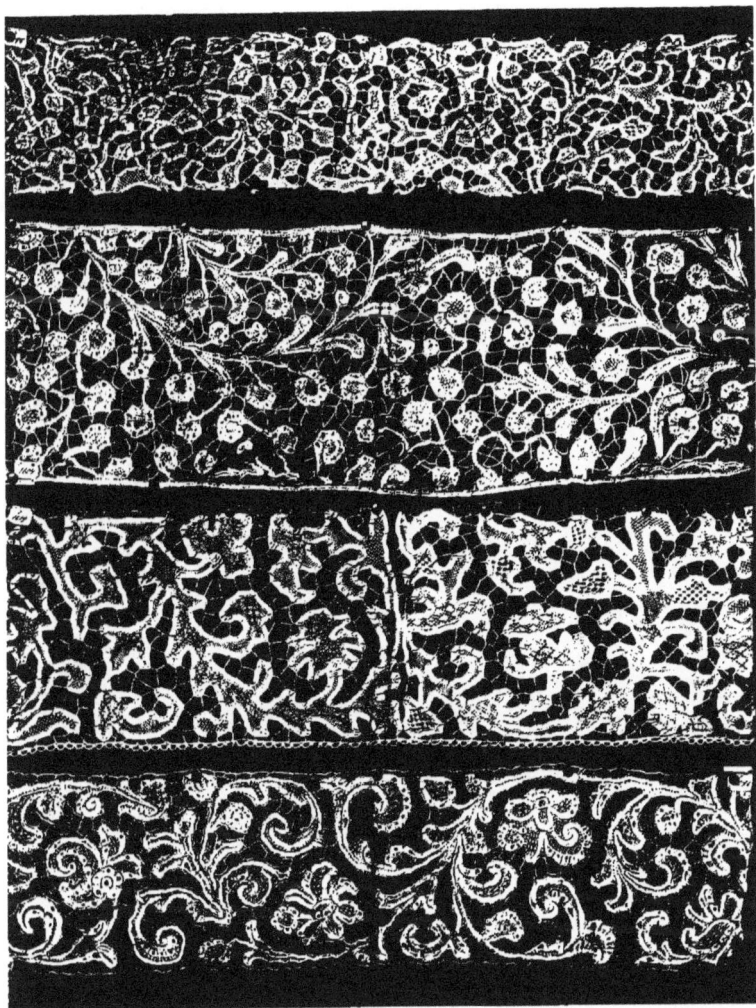

No. 598, 1094, 1619. FRANKREICH LITZENSPITZEN NADELARBEIT. 18. JAHRHUNDERT.
„ 596. „ „ KLÖPPELARBEIT. 17. „

ORNAMENTALE UND KUNSTGEWERBLICHE SAMMELMAPPE. SERIE IV.

Verlag von KARL W. HIERSEMANN in Leipzig.
1893.

KUNSTGEWERBE-MUSEUM ZU LEIPZIG.

SPITZEN.

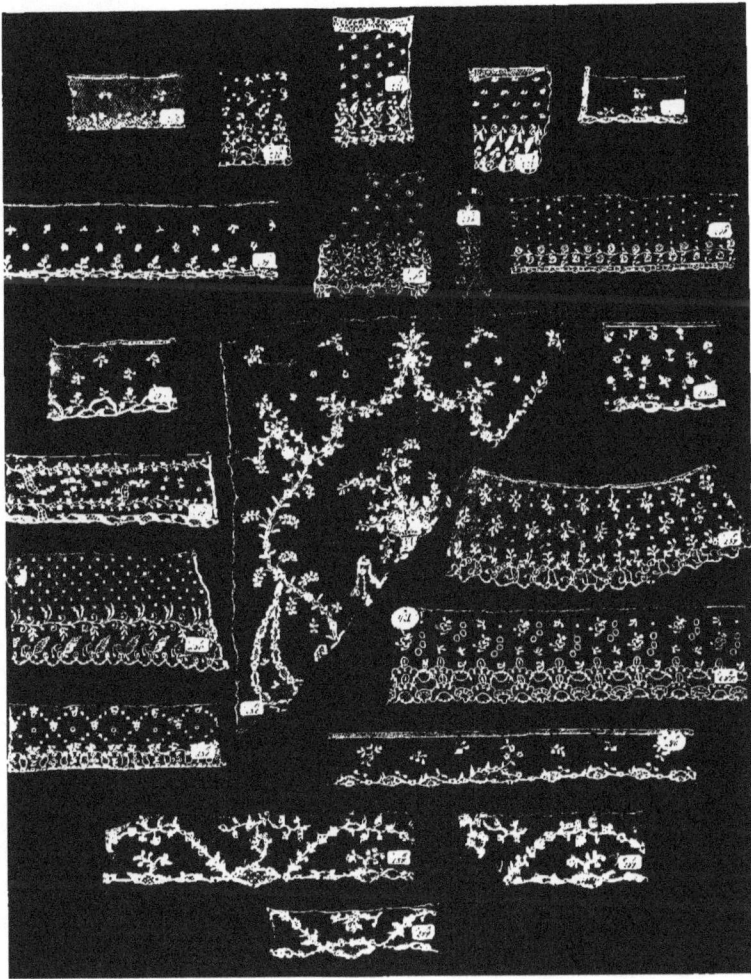

Aufgen. von Prof. der Strasse

No. 269—285. FRANKREICH (ALENÇON) NADELSPITZEN, 17. UND 18. JAHRHUNDERT.
„ 286—289. „ (ARGENTAN) „ „ „ „ „

ORNAMENTALE UND KUNSTGEWERBLICHE SAMMELMAPPE. SERIE IV.

Verlag von KARL W. HIERSEMANN in Leipzig.
1893.

KUNSTGEWERBE-MUSEUM ZU LEIPZIG.

SPITZEN.

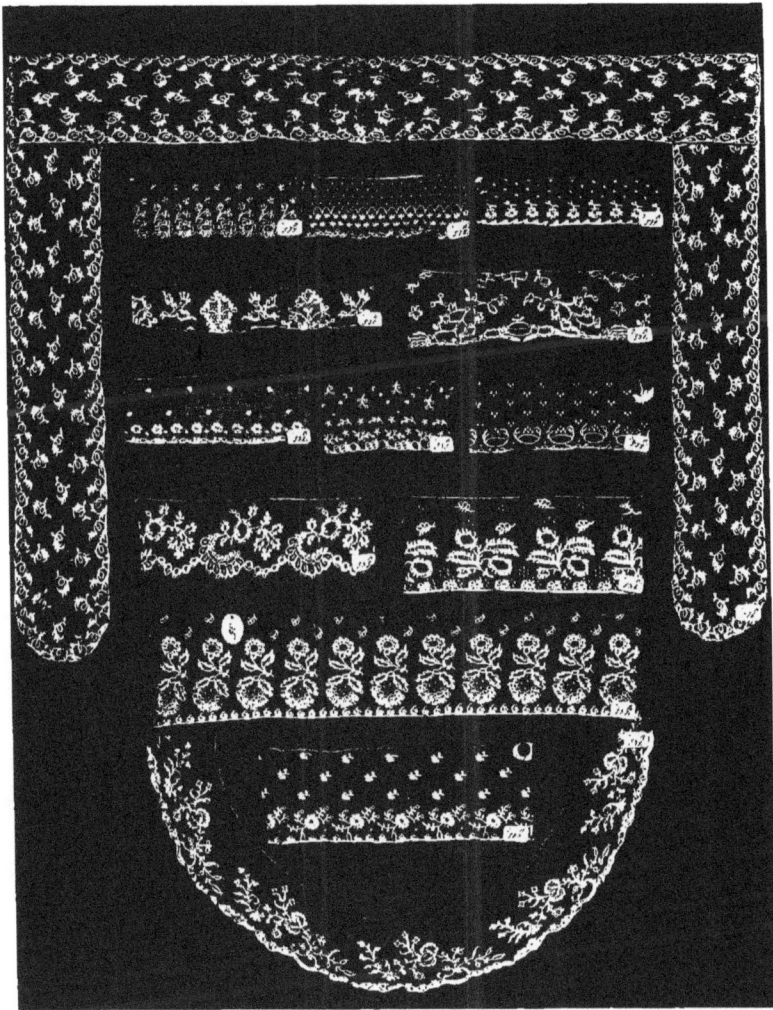

Ausgew. von Prof. aus Biennen

No. 575—589. NORDFRANKREICH KLÖPPELSPITZEN. 18. JAHRHUNDERT.

ORNAMENTALE UND KUNSTGEWERBLICHE SAMMELMAPPE. SERIE IV.

Verlag von KARL W. HIERSEMANN in Leipzig.
1883.

KUNSTGEWERBE-MUSEUM ZU LEIPZIG.

SPITZEN.

No. 514–518. ENGLAND LITZENSPITZEN GEKLÖPPELT. 17. JAHRHUNDERT.

ORNAMENTALE UND KUNSTGEWERBLICHE SAMMELMAPPE. SERIE IV.

Verlag von KARL W. HIERSEMANN in Leipzig.
1893.

SPITZEN.

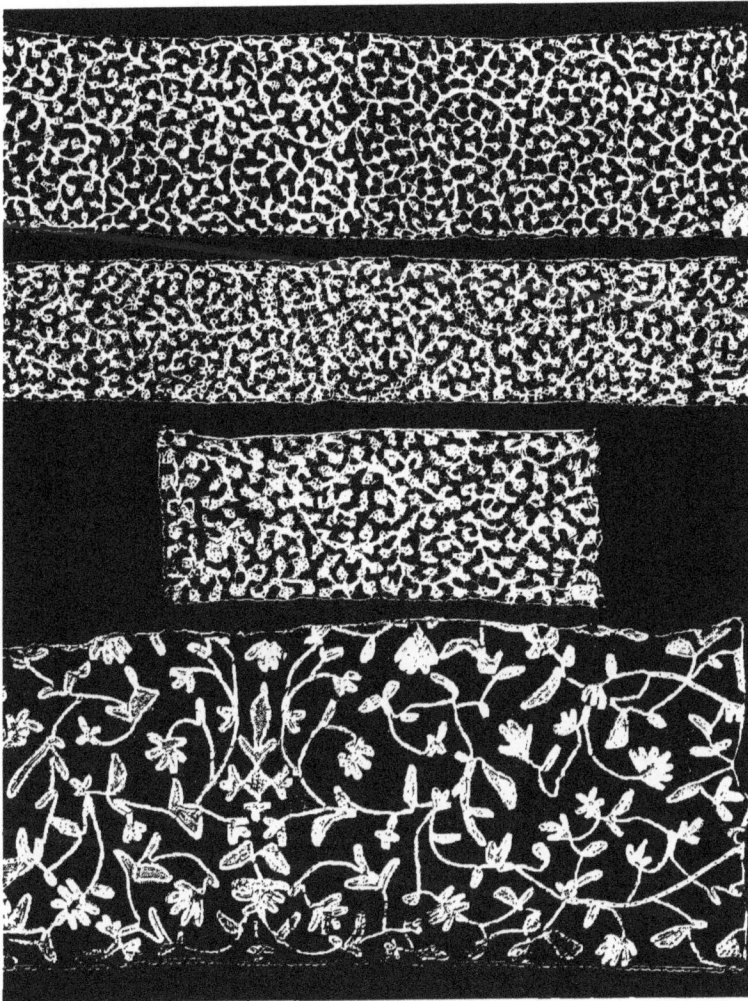

No. 519—521. ENGLAND GEKLÖPPELTE LITZENSPITZEN. (GUIPURE) 17. JAHRHUNDERT.
„ 522. FRANKREICH GENÄHTE „ MIT ROSENFOND „ „

ORNAMENTALE UND KUNSTGEWERBLICHE SAMMELMAPPE. SERIE IV.

Verlag von KARL W. HIERSEMANN in Leipzig.
1893.

www.ingramcontent.com/pod-product-compliance
Lightning Source LLC
Chambersburg PA
CBHW021642270326
41931CB00008B/1122